陆尧/主编

画说语文
——元代篇——

编委会

编者：王璐　罗舒　代静雨　郭勇　　　插画：刘艳玲　游帆

北京理工大学出版社
BEIJING INSTITUTE OF TECHNOLOGY PRESS

版权专有 侵权必究

图书在版编目（CIP）数据

画说语文 . 元代篇 / 陆尧主编 . — 北京 : 北京理工大学出版社 , 2022.7
ISBN 978 – 7 – 5763 – 1519 – 6

Ⅰ . ①画… Ⅱ . ①陆… Ⅲ . ①古典文学 – 中国 – 元代 – 小学 – 教学参考资料 Ⅳ . ① G624.203

中国版本图书馆 CIP 数据核字（2022）第 128578 号

出版发行 /	北京理工大学出版社有限责任公司
社　　址 /	北京市海淀区中关村南大街 5 号
邮　　编 /	100081
电　　话 /	（010）68914775（总编室）
	（010）82562903（教材售后服务热线）
	（010）68944723（其他图书服务热线）
网　　址 /	http://www.bitpress.com.cn
经　　销 /	全国各地新华书店
印　　刷 /	天津睿意佳彩印刷有限公司
开　　本 /	889 毫米 ×1194 毫米　1/16
印　　张 /	5.5
字　　数 /	70 千字
版　　次 /	2022 年 7 月第 1 版　2022 年 7 月第 1 次印刷
定　　价 /	49.80 元

责任编辑 / 申玉琴
文案编辑 / 申玉琴
责任校对 / 刘亚男
责任印制 / 李志强

图书出现印装质量问题，请拨打售后服务热线，本社负责调换

前言

　　山定泉，树定根，人定心。阅读之于语文教育，如同树根之于树叶，源泉之于河流，灵魂之于生命。好的文学作品中，不仅有妙趣故事、名山大川、浩瀚历史，更蕴含着人世间最饱满的情感和最深厚的文化积淀。在小学阶段，阅读与感受好的文学作品，能够为孩子们日后听、说、读、写能力的提升乃至个人成长，积累深厚的财富。自2017年9月新学期开学起，全国小学和初中统一使用的"部编本"语文教材，也对语文基础教育的广度和深度提出了更高要求，更强调人文主题的渗透和语文素养的提升。那么，如何才能找到最恰当贴切、最容易进入的方式，向孩子们展现文学作品中一幅幅人文、历史、地理的图卷，帮助孩子们更好地走进文学作品本身呢？

　　近年来，随着信息技术在社会科学研究领域的深入应用，通过大数据等方式对文学、历史和地理进行全新的关联解读，开始成为学界研究的热点和前沿问题，数字人文（Digital Humanities）作为一个新型交叉学科应运而生。如中国台湾"中研院"的"中华文明之时空基础架构"（Chinese Civilization in Time and Space, CCTS）和台湾历史文化地图（Taiwan History and Culture in Time and Space, THCTS），复旦大学与哈佛大学合作的"禹贡"（The China Historical Geographic Information System, CHGIS），中南民族大学文学与新闻传播学院的王兆鹏与"搜韵网"合作的"唐宋文学编年地图平台"，北京大学中文系开发的全唐（宋）诗分析系统（the TangSong Poem Project），先在香港中文大学后迁至台湾政治大学的"中国近现代思想史研究专业数据库(1830—1930)"等。这些研究以地理信息系统为依托，人文学家亦参与其中，尝试以地理框架来落实历史文本信息，从而以新的时空观来审视中国历史与文化。

　　这些科研模式与学术手段发生的变革，也使语文教育的教学方法和知识表现方式得到不断创新和扩展。因此，我们想，如果能结合"数字人文"研究前沿技术与理论，以"部编本"小学全年级语文教材基本内容为纲，将小学语文中的古诗词与地理路线、历史传说、名人故事、风俗文化等多方面知识相融合，引经据典，情景对应，一定能够构建相辅相成的语文教学和语文学习生态链，让文学、历史与地理转化成生动的画面，帮助学生从肤浅、抽象走向深刻、具体，真正体会到文学作品本身的意味，品味其蕴含的历史、地理知识，从而真正走进文本，走进人物。

叶圣陶先生说："一字未宜忽，语语悟其神。"在我们的书中，不仅每一个汉字都在演绎着一个个神奇的语文世界，而且那一个个小小的数字，也奇妙无穷。希望通过这套丛书中的一张张大数据图表、一幅幅或优美或爆笑的漫画，为孩子们提供思考的空间，引领孩子们一只眼看纸上的话，一只眼看纸的背后，深刻感悟文学作品背后的人文气息，真正学到语文知识，提高语文素养，让文学中的真善美渗透到孩子的心里，慢慢成就一个人的内涵与气质，让他们长大后更谦逊、更从容。

目录

一、元代概况 ·· ◇ 01

    元代历史大事件 ································ ◇ 01

    元代疆域有多大？ ······························· ◇ 05

    帝王谱系图 ···································· ◇ 06

二、元代文学概况 ······································ ◇ 10

    老百姓不爱读诗爱听曲？ ·························· ◇ 10

    元杂剧：以歌舞演故事 ···························· ◇ 13

    元散曲：是诗是歌，能吟能唱 ······················· ◇ 16

    元曲到底哪家强？四大家称号争夺忙 ·················· ◇ 19

    元曲里喜欢写点儿啥？ ···························· ◇ 24

三、元代文史中的那些事儿 ······························· ◇ 34

    "茶"在元代居然用来夸人！ ························ ◇ 34

    远离世俗官场，闲住清雅田园，到底好不好？ ··········· ◇ 39

    元代商人：泪目，终于轮到我逆袭了！ ················· ◇ 43

    在元代，不要爱上和自己同姓的人 ····················· ◇ 50

    马可·波罗：没去过大元的旅游博主不是好作家 ········· ◇ 55

    "郭靖、黄蓉"：襄阳之战真相揭露！ ·················· ◇ 59

马致远：一生追求功名，却成曲状元 …… 64

为啥元代人喜欢过清明节？ …… 69

孔子后人竟然也玩乐队？ …… 73

姑姑冠是姑姑戴的帽子吗？ …… 78

Part1 元代概况

元代历史大事件

元朝是中国历史上第一个由少数民族建立的大一统王朝,都城是大都(今北京)。从1206年成吉思汗建立大蒙古国开始,历时162年;从忽必烈定国号"元"开始,共98年。

成吉思汗　　忽必烈

忽必烈是成吉思汗的孙子……

大蒙古国 1206—1271 年

1200年 | 1210年 | 1220年 | 1230年 | 1240年 | 1250年 | 1260年 | 1270年

1206 年成吉思汗统一蒙古，建立大蒙古国。

1219 年开始大规模西征（这是第一次，几十年间共进行了三次西征），建立起庞大帝国。

我是大蒙古国最靓的仔！

1234 年大蒙古国与南宋联合灭金。

1260 年忽必烈称汗，建元"中统"。

金

事实证明，这个孙子毫不逊色。

元代 1271—1368 年

1271年，忽必烈建国号大元，次年定都大都（今北京）。

◇◇ 1279 年 崖山海战 ◇◇

南宋军队与元军在崖山（今广东江门）进行的一场大规模战争，是中国历史上一次较大规模的海战。战争最后元军以少胜多，南宋军队全军覆灭，标志着南宋灭亡。元朝的统一，结束了自唐末以来中国南北分裂和战乱的局面。

◇◇ 1307 年 大都政变 ◇◇

1307年正月，元成宗铁穆耳因病去世，他的皇太子也早早去世了，所以没有人继承皇位。铁穆耳的兄弟答刺麻八刺的儿子海山和仁宗爱育黎拔力八达发动了政变，杀死了世祖的孙子阿难答，海山被拥立为皇帝，是为武宗，史称"大都政变"。

◇◇ 1314 年 延祐复科 ◇◇

金、宋灭亡后，科举制度被废弃。提倡汉化运动的元仁宗在延祐元年（即1314年）恢复科举，重新举行乡试。延祐二年举行会试和殿试（廷试）。由于是在延祐年间恢复科举的，具体制度仿唐宋旧制，所以史称"延祐复科"。

1323年 南坡之变

英宗推行新政，由于财政困难取消了给各个王爷的赏赐，同时为增加皇室权威，英宗试图对王爷们进一步加以约束。这些举措引起各位王爷的不满，改革阻力重重，于是御史大夫铁失勾结诸王谋反行刺。英宗与丞相拜柱驻营南坡时被刺杀，随后泰定帝即位，史称"南坡之变"。

惨死二人组

1328年 两都之战

泰定帝在上都（今内蒙古正蓝旗东北）去世后，他的儿子阿速吉八虽然被立为太子，但朝中武宗旧臣想要立武宗的儿子为皇帝，于是大都的武宗一系与上都的泰定帝两系势力，为争夺最高统治权进行了内战。大都最终取得胜利，武宗的儿子文宗即位。这次战争虽然历时不长，但削弱了元后期的国力，为元朝的最终灭亡埋下了隐患。

阿速吉八　我的……　我的！　文宗

1351—1367年 农民起义

元朝末年，朝廷腐败，国势越来越衰弱，加之连年灾荒，走投无路的贫苦农民纷纷揭竿而起，农民起义遍布各地。其中以头裹红巾的红巾军起义最为著名，他们对元廷统治造成了巨大冲击，最终推翻了元朝。

Part 2 元代疆域有多大？

元代的疆域相当广阔，更是世界历史上连续版图最大的王朝。（东及日本海，西达地中海，北跨西伯利亚，南在海河-长江一线。①）

元代鼎盛时期，东起日本海，南抵南海，西至天山，北包贝加尔湖，是中国历史上疆域最大的朝代。②

---

① 宋濂等.元史[M].北京：中华书局，2016.
　毕奥南.元朝疆域格局概述[J].中国边疆史地研究，2000（04）：3-23.
　王欣.试论元代疆域的形成与发展[J].丝绸之路，2011（06）：30-31.
② 参考同上。

Part 3 帝王谱系图

蒙古族的最高首领叫可汗。正式建元之前，大蒙古国经历了三代，共五位可汗。

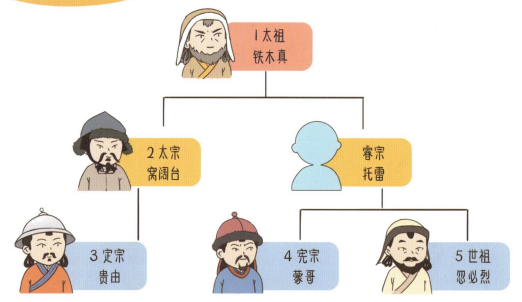

这一时期，在位时间最长的可汗是铁木真，尊号"成吉思汗"，他是世界史上杰出的军事家、政治家。

大蒙古国的第五任可汗忽必烈，同时也是元代的开国皇帝。

大蒙古国历任可汗在位时长

可汗	在位时长
太祖铁木真	约21
太宗窝阔台	约12
定宗贵由	约2
宪宗蒙哥	约8
世祖忽必烈	约11

（单位：年）

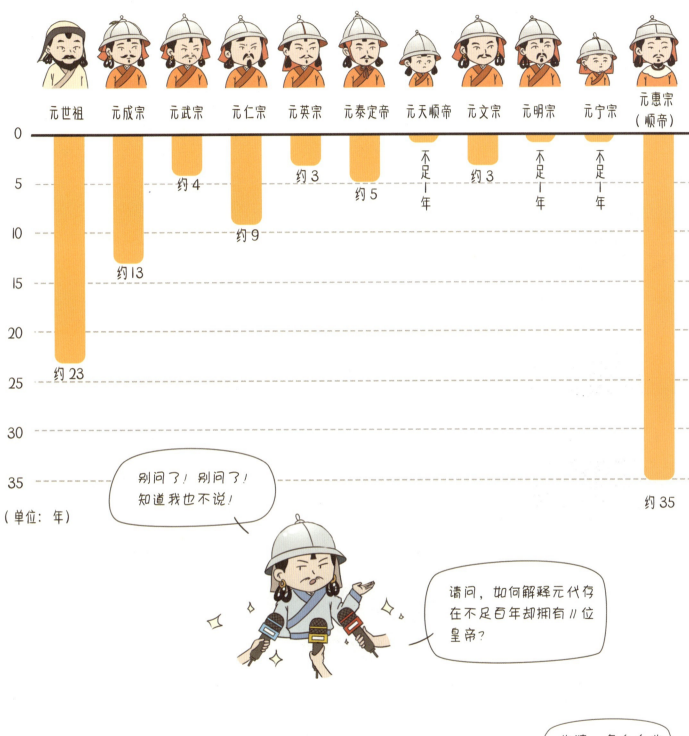

元代历任皇帝中,在位时间很短的皇帝都是非正常死亡,比如死于南坡之变的英宗,再比如天历之变中死因神秘的明宗,新任皇帝也并不愿意透露前任皇帝死亡的原因。

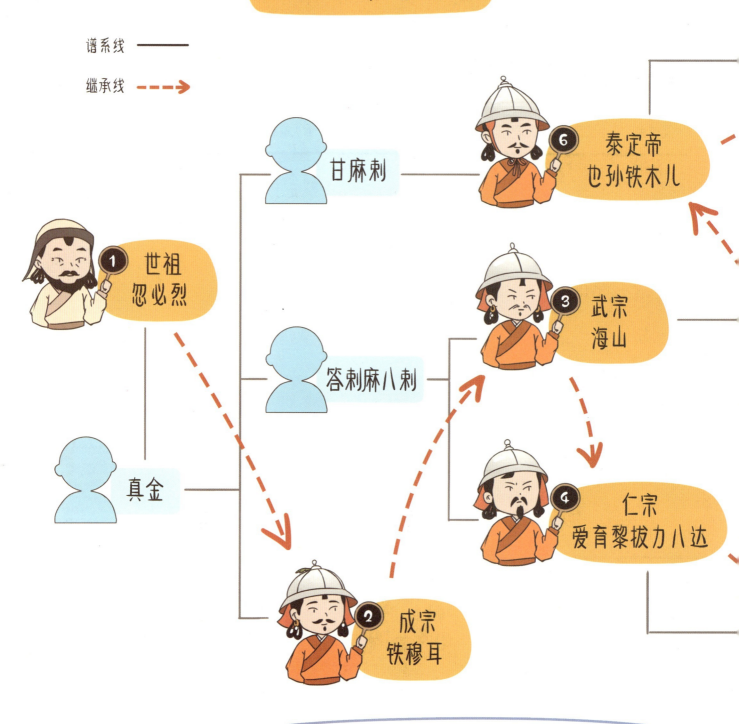

元代皇帝谱系图

谱系线 ——
继承线 ---→

① 世祖 忽必烈
真金
甘麻剌
答剌麻八剌
② 成宗 铁穆耳
⑥ 泰定帝 也孙铁木儿
③ 武宗 海山
④ 仁宗 爱育黎拔力八达

从谱系图可以看出，元代的皇帝继承情况非常复杂。这可能与蒙古族传统的继承制有关。蒙古族的继承制和汉族的嫡长子继承制不同，元代因为皇位之争而引发的政变内乱非常多，皇位更替频繁，很长一段时间其内部政治都不太安宁。

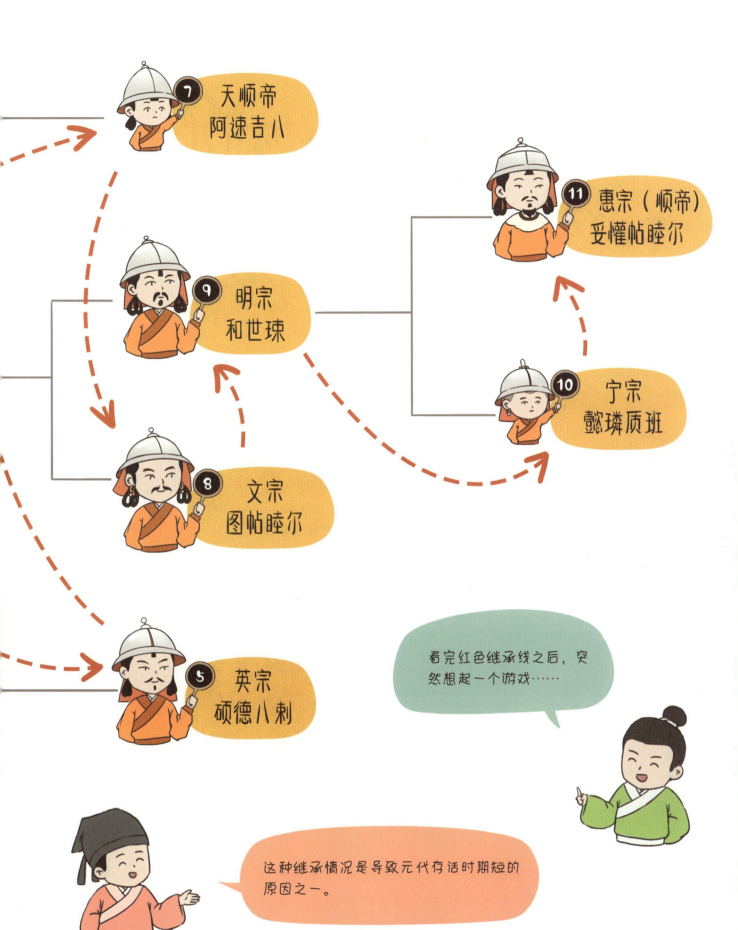

二

元代文学概况

Part1 老百姓不爱读诗爱听曲？

大家都知道"唐诗""宋词""元曲"的说法，这是指在不同朝代，在文学的繁荣发展下，会出现不同形式的文学体裁。唐诗和宋词我们已经学过很多了，那么，元曲是什么呢？为什么元代的老百姓都爱"听曲"呢？

实际上，元代文学出现了两个基本特点：一是自宋代开始的"俗文学"（戏曲、小说等）和"雅文学"（传统诗文等），二者之间的分裂继续发展；二是雅文学开始出现新的变化。

在"雅文学"方面，和唐宋相比，元代诗文的成就稍显逊色。元诗和元词在发展过程中，主要是学习唐朝，崇尚"复古"成为潮流和风气。元代诗歌总数较难统计，清代编写的《御定四朝诗》收录元诗81卷，作者仅千余人。据不完全统计，流传下来的元词作者仅200余人，词风延续宋词的风格，大致可分为"婉约"和"豪放"两派。

在"俗文学"方面，元曲在这个时代逐渐产生、发展和流行。元曲包括元杂剧和元散曲，这种文学形式繁荣的原因主要有三个方面。

政治原因

元朝时，由于统治者对汉族文化了解不深，科举制度相对于唐宋来说也不够完善，读书人的地位不高，又很难通过科举改变命运，于是大家对写诗作文的兴趣就没有那么高了，而更愿意通过编写剧本或者适合歌唱的散曲这样比较通俗易懂的作品来抒发自己的心情。众多知识分子的参与客观上推动了元曲的繁荣。

经济原因

元曲反映的生活内容比较宽泛，更适应城市经济的发展。而对于元曲这种比较简单易懂的文学形式，老百姓当然也非常喜闻乐见，甚至愿意花钱去"听曲"。于是戏剧演出日益商业化、社会化，剧作家也能通过这种方式赚钱，更增加了写作的动力。

文化原因

散曲的通俗性使其更适合歌唱等民间文娱活动。杂剧演出更是涌现出大批著名演员，类似于今天的"明星"，这些都进一步提高了元曲的艺术水平，再加上老百姓对于"追星"的狂热，使得元曲更加繁荣。

于是，元曲不仅为我国古典戏曲表演艺术奠定了基础，而且还跻身传统诗词歌赋的行列，有了与它们几乎相匹配的地位。此后，元曲更是成为我国传统文化的重要组成部分。

Part2 元杂剧：以歌舞演故事

下面，我们一起来了解一下元杂剧和元散曲的特点。

元杂剧类似于现在的戏曲，当时也有人称其为"传奇""话本"，一般会把诗歌、音乐、舞蹈、宾白（剧中人物的独白或对话）结合起来，讲述一个完整的故事。

那时的戏曲剧本结构一般分为四折一楔子。四折就类似于现在我们故事的起因、发展、高潮和结尾，而楔子就像今天戏剧的序幕一样，还有一些剧本会有两个楔子。

版本与数量

钟嗣成的《录鬼簿》（历史上第一部为曲家立传的书籍，名为鬼，实际上是写元曲的作家，也就是"曲家"，大约成书于元至顺元年）收录了作家152人，作品450余种。贾仲明的《录鬼簿续编》补充著录元明之际的作家71人，作品156种。

据《中国文学通史系列·元代文学史》统计，现存的元杂剧剧本，有姓名的元代作家的作品109种，逸曲29种，元代无名氏作品约31种，元明之际无名氏作品约78种，合计约247种。

朱元璋之子朱权写的《太和正音谱》，收录了元代以及元明之际杂剧作家191人，作品560余种。

作品作家数量统计

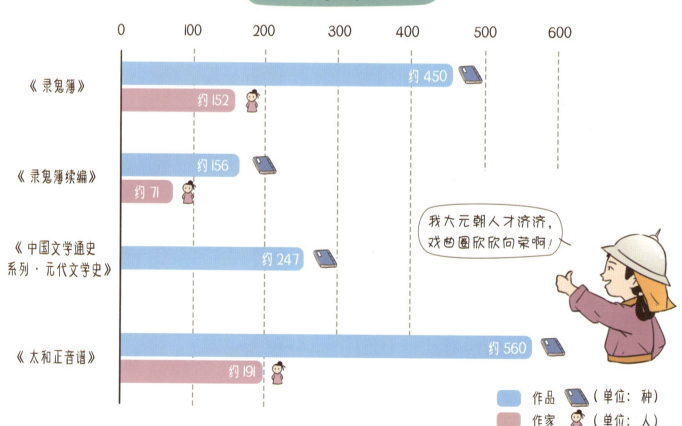

常见题材

爱情婚姻剧——约1/5，女子地位有所加强和提高，往往是大圆满结局，如《西厢记》。

神仙道化剧——一些道士、真人悟道飞升的故事，如《黄粱梦》。

公案剧——百姓申冤昭雪的故事，如《蝴蝶梦》。

社会剧——反映和描写社会中具有普遍性的生活现象，如《窦娥冤》。

公孙杵臼　韩厥　程婴　晋国公主

历史剧——虚构润色历史故事，用来借古讽今，如《赵氏孤儿》。

Part 3 元散曲：是诗歌，能吟能唱

元散曲实际上也是诗歌的一种，它既与唐诗、宋词一脉相承，而又有所变革、有所发展。与宋词相比，元散曲的变化更为丰富，更能够与音乐相配合，所以在元朝时，也被叫作"乐府"或"今乐府"。

> 我还是从前那个少年，没有一丝丝改变~

元散曲的曲牌

元散曲的曲牌和宋词类似，俗称"曲子"，每一个曲牌都有一定的曲调、唱法，同时也规定了该曲的字数、句法、平仄等，如《点绛唇》《山坡羊》等。元代北曲共335个。

元散曲的体例

（1）小令：单支曲子，短小精悍，多用来抒情写景。

（2）套曲：两支以上曲子，全套押韵一致，对曲调也有要求，更明显地受戏剧、说唱等文学形式的影响。

元散曲的题材

反映社会黑暗

山坡羊·潼关怀古（节选）

张养浩

伤心秦汉经行处，宫阙万间都做了土。
兴，百姓苦；亡，百姓苦。

向往归隐田园

人月圆·山中书事（节选）

张可久

数间茅舍，藏书万卷，投老村家。
山中何事？松花酿酒，春水煎茶。

歌咏爱情亲情

摸鱼儿·雁丘词（节选）

元好问

问世间，情是何物，直教生死相许？
天南地北双飞客，老翅几回寒暑。

书写雄伟山河

山坡羊·潼关怀古（节选）

张养浩

峰峦如聚，波涛如怒，
　山河表里潼关路。

元散曲的流派

豪放派

多用口语，少用典故，讲究豪迈超逸。

四块玉·酒旋沽

马致远

酒旋沽，鱼新买，满眼云山画图开，
清风明月还诗债。
本是个懒散人，又无甚经济才，归去来。

清丽派

喜欢用典，注重用字，讲究清新含蓄。

一半儿·苍崖禅师退隐

张可久

柳梢香露点荷衣。树杪斜阳明翠微。
竹外浅沙涵钓矶。乐忘归。
一半儿青山一半儿水。

Part4
元曲到底哪家强？四大家称号争夺战

这题我会！元曲四大家是关汉卿、白朴、郑光祖、马致远。

哎？那个写《西厢记》的王实甫怎么没有入选？

别吵啦！我们还是拿数据说话，来比试一下吧！

作品数量比较[①]

[①] 徐帅.元曲四大家无王实甫原因臆测[J].文教资料，2006（15）：51.

关汉卿:我的杂剧创作相当丰富,散曲也不少,这"四大家之首"还是当得起的!

王实甫:我虽然有《西厢记》这样的经典代表作,但是作品数量和其他人相比实在还是有些差距啊!

尽管一个作家的文学成就和他的作品数量或许没有直接关系,但是作品数量不多的作家,其地位很容易被人们低估啊!

不过,如果单独统计散曲的数量,这几位恐怕都排不上号!根据《全元散曲》(中华书局版)的收录,写散曲最多的是一位叫作**张可久**的人!他毕生致力于词曲的创作,写了约**800余首**散曲,是元代最为多产的散曲大家,也是元曲的集大成者之一。他的作品风格多样,有时歌咏自然风光,有时描写生活或者酬谢友人,是元代散曲"清丽派"的代表作家。

历代选本统计

关于"元曲四大家"的评选,历史上有不少专家有话要说。专家们把优秀的元曲筛选整理成集,入选的元曲相当于获得了"专家推荐"。得到推荐越多的作品,说明其受到了越多专家的肯定。

大家好,我就是元曲专家评委。

我们先来看看这些元曲作家想要入选的"专家推荐集"有哪些。

选本有:《录鬼簿·校勘记》《张小山小令选》《太和正音谱》《词林摘艳》《珍珠船》《四友斋丛说》《尧山堂外纪》《乔梦符小令》《艺苑卮言》《南词叙录》。

元曲各大家入选次数[①]

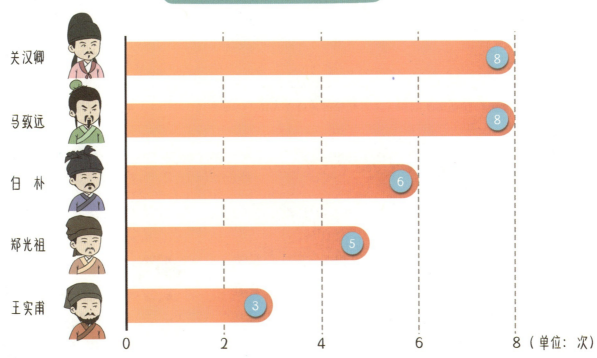

不难发现,关汉卿、马致远、白朴、郑光祖四人获得了大多数人的认可,可以说是当之无愧的元曲典范!王实甫虽然没能入选"元曲四大家",但他仍然是元代最为杰出的曲家之一。

[①] 杜瑶瑶,张亚东.明代前期对"元曲四大家"的评选——曲论的形成及特点[J].科学·经济·社会,2015(3):178.

代表作大比拼

关汉卿 代表作：《窦娥冤》《感天动地窦娥冤》

命运悲惨的窦娥被陷害斩首，临刑前她许下三桩誓愿：血溅白练，六月飞雪，大旱三年。窦娥的冤屈感天动地，三桩誓愿一一实现，冤案昭雪。

这部作品揭露了当时社会贪官草菅人命的黑暗现实，表达了强烈的反抗精神。

马致远 代表作：《汉宫秋》《破幽梦孤雁汉宫秋》

汉元帝派毛延寿去民间挑选宫女，毛延寿借机中饱私囊。王昭君不肯行贿，被毛延寿画丑。后匈奴向元帝索要昭君为妻，元帝忍痛以美人换取和平，只得让昭君出塞。

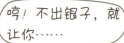

这部作品取材于历史故事，在一定程度上抨击了封建王朝的腐败无能，揭示了汉元帝昏庸软弱、贪淫好色的真面目。

白朴 代表作：《梧桐雨》《唐明皇秋夜梧桐雨》

唐明皇过分宠爱杨贵妃，不理朝政。"安史之乱"爆发后，明皇、杨妃仓皇出逃，但途中迫于兵士所逼，明皇最终赐杨妃缢死。乱后，明皇有一夜梦到杨妃，被雨打梧桐惊醒，更添郁闷。

这部戏剧同样取材于历史故事，表面上谴责唐玄宗荒废朝政，实际上带有强烈的借古讽今意味。

郑光祖 代表作：《王粲登楼》《醉思乡王粲登楼》

王粲出身普通但生性高傲。父亲去世后家境贫困，他不得不放下儒生架子求取功名，却受到各种排挤。他流落荆州时，郁郁寡欢，于是登楼吟咏，排遣愁苦。后被引荐封为天下兵马大元帅。

这个故事揭露了当时社会对知识分子的迫害，抨击了黑暗的社会、腐败的吏治，具有强烈的现实意义。

王实甫 代表作：《西厢记》《崔莺莺待月西厢记》

贫穷书生张生与出身名门贵族的相国小姐崔莺莺相爱，但是崔家并不赞同他们的婚事。在侍女红娘的帮助下，他们冲破重重阻碍终成眷属，并发出"愿天下有情的都成了眷属"的呐喊。

这个经典的爱情故事实际上源自对唐代小说的改编，因此在现实性和原创性上都略输一筹。

Part 5 元曲里喜欢写点儿啥?

那个……我先查一查。

元曲中的常用字

根据《全元散曲》(中华书局版)的收录,元曲作者200多人,散曲3 000多篇,戏文8篇,杂剧100多篇,共280多万字,涉及文字7 000多字,去掉虚词后,其中高频字TOP10如表所示,高频字TOP100如云图所示。

《全元散曲》中高频字云图

《全元散曲》中高频字排行表

排行	字	字频/次
1	云	约44 071
2	我	约35 610
3	你	约29 026
4	人	约23 393
5	来	约22 621
6	儿	约19 738
7	这	约19 049
8	正	约16 769
9	他	约15 963
10	那	约15 227

可以看出,和唐诗宋词中以写景名词为主的情况不同,在元曲用字的前十名中,出现较多的是"我""你""他"这样的人称代词。而且,《全元散曲》中使用最多的字虽然是"云"字,但与唐诗宋词中用来描绘自然风光的"云"不同,这里95%以上的"云"都是动词,表示"说"的意思。这也反映出,作为"俗文学"的元曲,对话、故事较多,为了简单易懂,迎合更多群众的喜好,作品中口语化的用字、用词也就比较多了。

元曲中的色彩

古代以"青、黄、赤、白、黑"五色为正色,在现代,黑、白加上红、黄、蓝三原色,理论上可调出其他所有颜色,因此可以泛指各种色彩。按"白""青""红""黑""黄"划分为五个词群,前四个颜色词出现的次数都超过了3 000次,可见使用频率之高。

颜色词频次排行榜

共计出现约4 502次
白、素、银、纨、缟、玉、雪、霜、鹤、皎、皤、皑、皓、颢、粉……

共计出现约3 536次
青、碧、翠、绿、葱、苍、缥、蓝……

共计出现约3 463次
红、霞、铜、缙、绯、绀、朱、丹、彤、茜、赤、赫、紫、艳、绛、纁、赭、赪……

共计出现约3 251次
黑、幽、黝、炱、焦、黱、灰、玄、缁、淄、黎、黧、乌、鸦、骊、黳、黛、漆、皂、黢、黪、鬒、黔、墨……

共计出现约1 544次
黄、金、缃……

将上述主要的色系进行综合统计,得到使用频次和云图,可以发现,白色系使用频次最高,约4 502次,青色系使用频次排名第二,红色系使用频次排名第三,黑色系使用频次排名第四,黄色系使用频次排名第五。

《说文解字·白部》曰:"白:西方色也。阴用事,物色白。""白"的本意是"日出与日落之间的天色",常见的有"白发""白云""白雪",所以诗人喜欢用它来渲染韶华易逝、悲凉的气氛,从侧面反映出元曲中对现实不满、向往归隐田园的诗句很多。

青色系的"绿""碧""苍""翠"等大都用于写景,如"绿树""碧水""苍松""翠柳"等,从侧面反映出元曲中描写景物、寄情山水的诗句占比很大,透露出平静、舒适与清新之感。

元曲中的情绪

人有七情,即悲、惧、乐、怒、思、喜、忧。每种情绪在元曲中都有很多种表达。

"七情"频次排行榜

	元曲中的"七情"	出现频次
思	思、忆、怀、恨、吟、逢、期……	约2878次
悲	愁、恸、痛、寡、哀、伤、嗟……	约2655次
喜	喜、健、倩、贺、好、良、善……	约2580次
乐	悦、欣、乐、怡、洽、畅、愉……	约1609次
忧	恤、忧、痫、虑、艰、遑、厄……	约1465次
怒	怒、雷、吼、霆、霹、猛、轰……	约783次
惧	逸、谤、患、罪、诈、惧、诬……	约238次

以表中最能代表每种情绪的七个字来对《全元散曲》中展现的情绪进行统计,与唐诗宋词相似,"思""悲"这样的情绪占据主流。

这是为什么呢?

写不出来……

一方面,在常见的元曲写作题材中,"思"可以表达多种情绪,如"相思"等。另一方面,文人多愁善感,中国文论中的"不平而鸣""发愤著书"等都体现出浓重的"悲情"色彩,"伤春悲秋"也是文学中永恒的主题。

元曲中的时间

文学作品中常常有对时间的思考，一个人对时间的态度往往能够反映他的人生态度，那么元曲中最高频的时间词有哪些呢？

高频时间词云图

时间词频次排行榜

排行	时间词	出现频次
1	今日	约262次
2	如今	约248次
3	十年	约170次
4	黄昏	约163次
5	将来	约153次
6	早晚	约138次
7	一时	约137次
8	明日	约136次
9	今朝	约133次
10	昨日	约130次

可以看出，元代诗人最喜欢写的是"今日""如今""今朝""一时"这样表达现在时间的词！看起来都是一个意思，就是"现在"。

虽然元代的诗人们很喜欢"追忆过去"，借古怀今，但是更讲究"活在当下"！此外，要知道文人之所以怀古，实质上还是为了喻今，所以出现这么多表示"现在"的时间词，也就不足为奇了。

今日世途非向日。
贤，谁问你？
愚，谁问你？

陈草庵
【中吕】《山坡羊·叹世》

元曲中的四季

"春有百花秋有月，夏有凉风冬有雪。若无闲事挂心头，便是人间好时节。"那么，在元曲中，诗人最爱写哪个季节呢？

《全元散曲》中四季出现频次（单位：次）

- 春 约1185
- 夏 约199
- 秋 约803
- 冬 约155

统计"春""夏/暑""秋""冬"这四个季节在《全元散曲》中出现的频次，"春"字排行榜首，"秋"字排在第二位，"夏"和"冬"出现的频次要比"春""秋"少太多。看来，元代的诗人们仍然继承了中国古典诗词中"伤春悲秋"的传统情绪表达。文人们喜欢在春天感悟青春韶华的逝去，在秋天感悟人生的凄冷无助。

元曲中的地名

中国这么大,历史又如此悠久,元代的作家们也喜欢背上背包,去看看祖国的山河。他们爱边塞的金戈铁马梦一场,也爱江南的春江花月夜,更爱悠游山野间,去发现山水田园之美。《全元散曲》里,诗人们最喜欢去哪儿呢?

地名出现频次

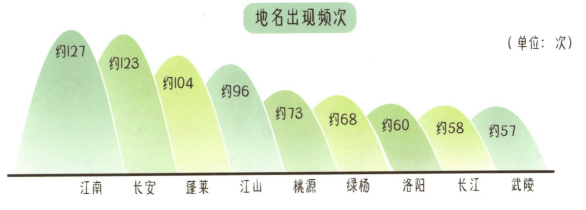

(单位:次)

约127 江南　约123 长安　约104 蓬莱　约96 江山　约73 桃源　约68 绿杨　约60 洛阳　约58 长江　约57 武陵

数据显示,他们最爱的仍然是"江南"风光。

高频地名词云图

诗人们对"江南"的热爱,原因有三:首先,江南自古就是富庶之地、鱼米之乡,而唐代京杭大运河的开掘等一系列契机,使江南地区的经济更进一步。雄厚的经济实力使江南地区得到了大力开发,风景格外迷人,也涌现了一批有知识、有文化的诗人学者。其次,江南在诗词中的典型意象是绮丽、秀美,历代诗人对于这样"如画"的佳山秀水自然热爱。最后,元代诗人们受现实之苦,再加上传统文化中隐逸思想的熏陶,大都向往和谐、安宁和悠闲自得的山水田园生活,正好与江南不谋而合。

元曲中的植物

植物意象在元曲中具有重要的地位，文人用不同的植物表达不同的情感。

高频植物词云图

树 TOP8

（单位：次）

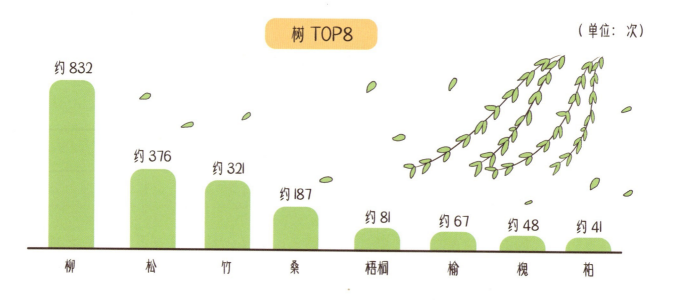

柳	松	竹	桑	梧桐	榆	槐	柏
约832	约376	约321	约187	约81	约67	约48	约41

诗人们最爱用"柳"来表达情感。柳树生命力强，含有一种蓬勃的朝气。在诗歌中，"柳"既可形容大丈夫"灼灼如春月柳"，又可形容小女子"行动处似弱柳扶风"。此外，"柳"还与"留"同音，是相思的载体、离别的象征，因而被广泛歌咏。

在元曲浩如烟海的植物意象中，花也占据了很大的比重。"花"是古今中外文人万古不变的创作题材，并被赋予了不同的文化美和精神美。《全元散曲》中各类常见"花"的出现频次如下图所示。

花 TOP10

梅花 约191	桃花 约177
梨花 约149	海棠 约138
金莲 约80	杏花 约68
牡丹 约68	杜鹃 约63
荷花 约33	菊花 约31

（单位：次）

其中，梅花出现的次数最多。梅花是中国传统名花，它不畏严寒，在早春独自盛放，有着高洁、坚强和谦虚的寓意，受到元代作者的喜爱。

"天涯何处无芳草。""草"是自然界到处生长、最为常见的物种，也是文人墨客喜欢吟咏或用来抒发情感的对象。"草"的意象也经常出现在元曲中，《全元散曲》中各类"草"的数据如下。

草 TOP10

春草 约2	萱草 约9
瑶草 约4	花草 约21
烟草 约5	草木 约25
草色 约6	衰草 约30
青草 约7	芳草 约88

（单位：次）

其中，"芳草"出现的次数最多。芳草是大自然中最平凡、最顽强的生命，代表着蓬勃旺盛的生机与活力，因此受到诗人们的一致喜爱。

元曲中的动物

元曲中的动物意象同样丰富多彩,上至九霄,外括四海,巨如鲸象,微如蜷蚁,都能在诗歌中找到。让我们一起来看看,诗人们最喜欢写哪些动物吧!

元曲中出现最多的兽类是"马",鳞爪类是"龙"。"龙"一般是皇帝及杰出人物的象征,"骏马""良驹"可以用来比喻人才,因此,它们常在诗歌中被使用。诗歌中出现了如此之多的"马"和"龙"的意象,看来元代人也很崇尚"龙马精神"哟!

元曲中最常出现的鸟类是鸟中之王——凤凰！作为一个非常古老的文学意象，凤凰本身寓意着给人们带来幸福吉祥，也是高洁的象征。同时，"凤凰"本身也有爱情的寓意，元曲中有很多爱情故事都用到了这一意象，如"开口成匹配，举口合凤凰"。而虫豸类中的"蝶"，同样也是爱情的专用意象之一，大多是以恋情、爱情、艳情的意思写进诗文，所以也被喜欢写爱情故事的元代曲家们所喜爱。

各类动物出现频次

（单位：次）

排行	鸟类	频次	兽类	频次	鳞爪类	频次	虫豸类	频次
1	凤	约537	马	约587	龙	约463	蝶	约293
2	燕	约473	虎	约286	鱼	约376	蜂	约163
3	雁	约434	羊	约218	龟	约72	蝉	约94
4	莺	约418	牛	约197	虾	约64	虫	约70
5	鸾	约383	象	约150	蟹	约47	蝇	约37
6	乌	约285	兔	约150	蛟虬	约2	萤	约32
7	鸳鸯	约269	猿	约146			蛙	约27
8	鹤	约211	狼	约137			促织	约19
9	鸡	约183	驴	约137			蜘蛛	约12
10	鹊	约166	麟	约97			蚊	约8

元代文史中的那些事儿

Part1

"茶"在元代居然用来夸人！

> 珍珠包髻翡翠花，一似现世的菩萨。
> 绣袄儿齐腰撒跨，小名儿唤做茶茶。
> ——无名氏【双调】《一锭银过大德乐·咏时贵》

嗨～我是茶茶！

女孩儿的发髻上包着一圈珍珠，插着翡翠做的珠花，像现世的菩萨一样高贵美丽。穿着绣花的小袄子和齐腰的小裙子，大家都亲切地称呼女孩儿一声"茶茶"。

从上文的元曲中我们可以看出，元代夸一个女孩儿时会说"茶"，甚至直接用茶给女孩儿取名字，寄托美好寓意。

"早晨起来七件事，柴米油盐酱醋茶。"

不过，这也让我们了解到，"茶"在元代人民生活中有着非常重要的地位。《全元散曲》中，"茶"和"茶饭"加起来出现了400余次。"茶饭"其实就是"吃饭"的意思，这个词的出现显示了人们把喝茶看作和吃饭一样重要的事情，可以说，无论阶层，无论民族，人人都喜欢去喝一口茶。

《全元散曲》中"茶"的出现频次		
名 称	茶	茶饭
频 次	约364次	约79次

那元代的"茶"文化，和之前的朝代有什么不同呢？

一方面，元代的统治阶层是蒙古人，他们喜欢吃牛肉、羊肉和奶制品，这些食物的口感都比较厚重，容易让人有饱腹感，这时清香解腻、健胃消食的茶很快就被蒙古人所接受。不过，他们进入中原以后，也带来了蒙古人的习俗和文化，喜欢用酥油入茶，影响了传统中国茶的发展。大家今天喜欢喝的奶茶，很大概率就是从酥油茶演变而来的哦！①

① [元] 忽思慧.饮膳正要[M].上海：上海古籍出版社，2017.
余悦.事茶淳俗[M].上海：人民出版社，2008.

另一方面，随着生产力的提高和对外交流的扩大，元代的茶叶种类更为丰富，已经产生了很多名贵的茶叶。《全元散曲》中既有对名贵茶叶的描写，也有对物美价廉的市井茶汤的描绘，饮茶文化在元代突破了阶层的限制，真正做到了雅俗共赏。所以，在元代，喜欢喝茶的不只有高雅的上层文人，普通百姓们也喜欢喝茶。

而且，元代茶文化的传播范围也很广，几乎遍布全国。《全元散曲》中很多作家创作了有关饮茶生活的作品，通过统计他们的地域分布与生平经历，我们可以发现，这些作家的生活地域遍布全国大江南北。

《全元散曲》中的茶叶种类

山茶……约9种	凤团……约4种
香茶……约4种	金芽……约4种
粗茶……约5种	茶芽……约7种
嫩茶……约5种	雷芽……约2种
江茶……约4种	灵芽……约3种
清茶……约4种	蒙山……约3种
细茶……约2种	双井……约2种
新茶……约3种	建溪……约2种
高茶……约2种	顾渚……约1种
云茶……约5种	紫笋……约2种
玉川茶……约2种	龙须……约7种
阳羡茶……约2种	云腴……约3种
浮梁茶……约1种	疙瘩茶……约1种
凤髓茶……约3种	苦茶……约1种
佛子茶……约1种	酥签……约1种
龙团……约4种	兰膏……约2种

凤髓茶

芝麻豆腐茶

此外，喝茶离不开好的水源，元代的文人们对泡茶的水也很讲究。

茶有各种茶，水有多种水，只有好茶、好水，味才美。

在《全元散曲》中，文人们对泡茶所用的水有很多描写，像山水、春水、雪水、涧水等都是深受文人喜爱的烹茶水。

山水
从山上流下来的水

春水
春天的河水

雪水
冬天的雪融化后的水

涧水
夹在两山之间的水沟里的水

茶，承载着中国上千年的文化历史，茶文化更是中国传统文化的精华。元代的茶文化不断扩展与延伸，为我们的中华文化增添了许多生机与活力。如果穿越回元代，记得向姑娘用"茶"表达你的欣赏哦！

哎呀～公子你过奖啦！

姑娘好似这杯茶，清香隽雅，令人回味无穷啊！

元代人　　　　现代人

Part2 远离世俗官场，闲住清雅田园，到底好不好？

归隐是文学创作中一个重要的主题，历代文学作品都有相关的表达。到了元代，提到归隐的作品非常多，那么这么多人向往清雅田园，厌恶世俗官场，究竟这田园生活如何呢？

为什么元曲中有大量归隐主题的作品？

• 科举废止

元代前期，统治者直接废除了科举制。文人们失去了用知识改变命运、步入仕途的机会，政治上大多不得志。读书人的才能无处施展，对当时的政治十分不满，便走向归隐之路，希望得到心灵的解脱。

• 避世思想

读书人受传统道家避世思想的影响，即使有济世救民平天下的抱负，面对黑暗的现实，文人们也只能回归山林，寻求心灵的安稳，将山林生活视为完美愉悦的人生归宿，希望在其中保持一个知识分子的节操和良知。

• 全真教

在元代，全真教蓬勃发展，全真教的弟子可以免除赋税和徭役，因此许多文人士大夫纷纷加入全真教。全真教属于道教，倡导无为思想，强调隐逸生活，这也影响了元代文人的创作。

元曲中的归隐作品有什么特色？

• 强烈的反叛精神

不读书有权，不识字有钱。——无名氏【中吕】《朝天子·志感》

闲适的田园生活虽然是文人们的向往，但黑暗的现实让他们以笔杆子为战斗工具，在作品中表现出强烈的反叛精神。

• 蔑视富贵功名

争名利，夺富贵，都是痴。——马致远【南吕】《四块玉·叹世·两鬓皤》

前代文人揭露现实大多还比较委婉，而元代文人常常直接毫不留情地表达自己对富贵功名的不屑与轻视。

拿走拿走！不要不要！

- **热爱生命，向往自由**

富如何？贵如何？闲中自有闲中乐。——陈草庵【中吕】《山坡羊·叹世》

清贫度日怎样，没有富贵又怎样？没有官场的束缚，以自由为伴，生命也变得更加广阔。

对于元代文人来说，闲住清雅田园是一种人生选择。他们的归隐不是消极避世，而是经过思考以后作出的坚定选择。他们将归隐当成自己的精神归宿，把隐居作为人生追求，享受闲适的生活。他们有着挣脱名利束缚后的喜悦和对自由生命的热爱，归隐主题的作品便是元代文人独特人格精神的最好表达。①

---

① 郭倩.试论元散曲中的隐逸主题[J].集美大学学报.2002（04）.
　李昱，彩霞.归隐中的人格精神——对元散曲隐逸意识的解读[J].江西社会科学.2006（12）.

Part 3 元代商人：泪目，终于轮到我逆袭了！

随着经济的发展，商人从事商业活动，比靠天吃饭、辛苦劳作的农民收入更高，会积累大量的财富。尽管商人有钱，在社会上的地位却不高。这是为什么呢？

> 长期以来，中国都是一个以农业为基础的国家。农业生产能让百姓在一个地方定居下来，能够保证国家的粮食供应和税收稳定，从而保证政权的稳定和国家的统一。而商业正好相反，商业需要各种资源的交换流动才能创造收益，这与统治者维持社会稳定的目的是相反的，尤其是经历战争之后，统治阶层更加希望稳定，因此古代中国采取重农抑商的政策，也就是重视农业生产，压制商业发展。所以，重农抑商是中国历代封建王朝最基本的经济指导思想，深深影响着中国的历史。

士　农　工　商

所以，商人们虽然获得了可观的财富，却不能获得与之相匹配的社会地位。大富商们基本不会让子孙后代继续从事商业经营活动，而是安排他们好好读书，希望通过科举进入仕途，来提高家族的社会地位。

而这一切，在元代发生了改变。元代的商人群体数量庞大，社会地位较高，一些富裕的儒商甚至受到了整个社会的尊敬与爱戴，可以说，在元代，商人们开启了逆袭之路。

元朝经济的发展情况

元代商人群体受到前所未有的关注，这和元代的城市繁荣以及商业发展有很大的关系。

年份（地区）	1000年（北宋）	1300年（元朝）
GDP（十亿）	约26.6	约60.0
年份（地区）	1300年（西欧）	1300年（元朝）
GDP（十亿）	约34.6	约60.0

公元1—2001年中国和西欧的比较

	中国	西欧
人口（百万）		
1	约 59.6	约 24.7
1000	约 59.0	约 25.4
1300	约 100.0	约 58.4
1400	约 72.0	约 41.5
1500	约 103.0	约 57.3
1820	约 381.0	约 133.0
1913	约 437.0	约 261.0
1950	约 546.8	约 304.9
2001	约 1 275.4	约 392.1
人均GDP（1990年国际元）		
1	约 450	约 450
1000	约 450	约 400
1300	约 600	约 593
1400	约 600	约 676
1500	约 600	约 771
1820	约 600	约 1 204
1913	约 552	约 3 458
1950	约 439	约 4 579
2001	约 3 583	约 19 256
GDP（十亿1990年国际元）		
1	约 26.8	约 11.1
1000	约 26.6	约 10.2
1300	约 60.0	约 34.6
1400	约 43.2	约 28.1
1500	约 61.8	约 44.2
1820	约 228.6	约 160.1
1913	约 241.3	约 902.3
1950	约 239.9	约 1 396.2
2001	约 4 569.8	约 7 550.3

元朝GDP是北宋GDP的2.26倍，GDP总量远远大于西欧，总量是西欧的1.73倍。[1]可见，元朝经济是十分发达的。

元代的城市经济也十分繁荣，以都城大都为典型代表。

大都是华美绝伦的城市，在世界上首屈一指。

---

[1] [英]安格斯·麦迪森著．伍晓鹰等译．世界经济千年统计[M]．北京：北京大学出版社，2009．

大都的商业活动和戏曲活动非常兴盛，商业中心街道宽广，商铺林立，人头攒动。商业区里歌楼酒馆众多，还有固定的市民娱乐中心，人们把娱乐中心叫作瓦舍，也叫瓦子、瓦市。瓦舍里有许多勾栏，规模有大有小，勾栏是杂剧的表演场所，相当于我们现在的戏院。勾栏内有戏台、后台、神楼和看台。戏台是演员们表演的舞台，是有一定高度的台子。后台是演员们上下场的地方。神楼和看台属于观众席位，神楼是居中正对戏台并且位置较高的看台，即我们今天的VIP座位；看台环绕戏台，即我们今天的普通观众席。规模大的勾栏可以容纳数千人，台上锣鼓喧天，台下欢呼喝彩，十分热闹。

繁荣的城市商业，使得元代商人的社会地位大大提高，商人群体逐渐崛起。

元杂剧中的商人形象

商业的发展和城市的繁荣，使得市民对文娱活动等精神生活的需求不断增加。商户是市民的重要组成部分，特别是在勾栏的观众群体中，商人占据着非常重要的地位，他们有钱也有时间来娱乐消遣、观看演出，拥有话语权。杂剧作品要在市场上得到更加广泛的欢迎就需要迎合观众的需求，商人这一群体在元代受到了重视与认可，元杂剧中也出现了丰富多彩的商人形象，剧作家们开始关注商人，为商人发声，元代的杂剧作品对商人有着更加细腻的表现。

元杂剧中商人形象的数量和类型远远超过了前代，既有善良勇敢的商人形象，也有狡诈凶残的商人角色。

走村串户卖杂货的货郎

"老汉高山是也……每年家赶这七月七,入城来卖一担魔合罗。"

孟汉卿杂剧《魔合罗》中有个货郎叫高山,售卖"魔合罗"。"魔合罗"——泥塑娃娃,七夕节售卖。

货郎挑担摇鼓,卖日常用品,是流动商贩,会受到黑暗势力压迫,生活辛酸。剧作家们同情这些货郎,有同病相怜之感,所以希望通过对他们的描写,传递下层人民的痛苦心声。

乐善好施、有君子之风的儒商

元代有部分士人弃儒从商,以儒家道德价值观为标准进行商业活动,乐善好施、节俭诚信,颇有君子之风。

《来生债》中的人物庞居士,是一位商人,以放债为生。当他看见欠债的李考先重病在身,没有办法还债时,当面把欠债书烧掉,不再要求李考先还钱,并且给了李考先银子做盘缠。

虽然是商人,但庞居士积德行善、周济穷人、乐善好施,是一个正面形象的儒商。

敢于反抗、大胆泼辣的女商人形象

女性在封建社会一直处于被压迫的地位，尤其宋代理学的盛行，更加压抑了女性的生存。到了元代，女性得到一定程度的解放，女人也可以经商做生意。杂剧《王月英元夜留鞋记》里的王月英就是一位卖胭脂的商户女子。

"我须是王月英，又不是泼烟花，又不是风尘卖酒家。有甚么败了风化，有甚么差了礼法。公然便把人勾拿？"在收到官府传唤时，王月英强调自己没有犯罪，质问官府凭什么抓自己。一个敢于反抗、大胆而又泼辣的奇女子形象就这样呈现在我们眼前。

贪财、吝啬、狡诈的形象

郑廷玉的杂剧《看钱奴》中的贾仁"有万贯家财，鸦飞不过的田产物业，油磨坊、解典库，金银珠翠，绫罗缎匹，不知其数"，但十分吝啬，只用一贯钱就买了穷书生周荣祖的儿子，趁人之危。

Part 4
在元代，不要爱上和自己同姓的人

当今时代，年轻人都是自由恋爱，男女双方相互喜欢，父母同意，就可以结为夫妻。而在元代，可没有这么容易。

在元代，如果你爱上了一个和自己同姓的人，即使两人没有任何血缘关系，很遗憾，这段感情也不能修成正果，因为这违背了元代的律法，是不被认可的。

看到这里，你一定很好奇，元代还有哪些有意思的婚俗呢？让我们一起来看看在元代结婚到底是什么样的吧！

元代特殊的婚姻形式

元朝时，民族文化不断冲突、交流融合，促使这个阶段形成了一些特殊的婚姻形式。

收继婚

这个形式来源于蒙古族，妇女在丈夫去世以后，可以改嫁给自己原来丈夫的亲属。这一婚姻形式在蒙古族内部非常流行，直接以法律的形式推行。

掠夺婚

掠夺婚是蒙古族流行的一种婚姻形式，后来影响了中原地区。男子没有得到女子及其家人的同意，就直接把人抢走，强娶女子为自己的妻子。

买卖婚

在买卖婚中，女子就像商品一样，可以通过货币购买得来。蒙古族的男子可以用钱为自己买到妻子，后来这种婚姻形式也出现在中原地区。

元代的婚礼程序

议婚

❤ 结婚第一步是要保证结婚双方没有守孝在身。男方通过媒人传信了解女方的意愿,女方若也有意,便可以进入下一环节。

订婚

❤ 男方写好纳聘书,在早晨去祠堂叩拜祖先。之后,男方家派一位使者去女方家见使者,女方家写好回聘书后,也需要去祠堂叩拜祖先,然后将回聘书交给使者带回男方家里。

男方使者　　　　　女方使者

下彩礼

❤ 男方在女方家宴请女方的亲友,并且携带一定的彩礼交给女方。在这之前,媒人要前往女方家进行通信,女方家在接到媒人的通信之后,出门迎接男方。

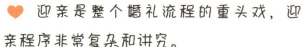

迎亲

♥ 迎亲是整个婚礼流程的重头戏，迎亲程序非常复杂和讲究。

新娘要盖红盖头，戴花冠，驱邪避鬼。新娘下轿之后，要用红色毯子铺在道路上。新人跨马鞍，预示从此平安无事。新娘入院之后要抛撒碎草、碎米谷以及有色铜钱。新娘照镜子辟邪，进到第三重门时，需要对着门射三支箭，之后进洞房，宴请宾客。

⬇

新妇见公婆

♥ 结婚之后的第二天早晨，新娘要拜见公婆及长辈。

新婚夫妇去祠堂

♥ 结婚之后的第三天，新郎带新娘去祠堂。

女婿回门

♥ 结婚之后的第七天，女婿要回门拜见岳父岳母及女方亲属。

至此，整个婚礼程序才算完成，男女双方正式结为夫妻。

元代的离婚程序

在元代,当男女双方的婚姻生活无法再继续下去时,可以结束婚姻关系,也就是我们今天常说的离婚。

在元代,婚姻关系的解除不再只是男方的权利,女子在受到侵害或与丈夫感情不和时也有提出离婚的权利。婚姻关系的解除不再一味遵循男尊女卑的封建传统,女性的地位得到了一定程度的改善,这也是元代社会的民族文化相互交流与融合产生的独特社会现象。

元代离婚的四种主要方式

婚姻本身不合法	没有按照法律规定的条件和程序结婚,官府会直接判决这段婚姻关系无效。比如,我们前面说的同姓不婚,如果两个相同姓氏的人结婚,官府是不会承认这段婚姻的合法性的,会强制解除婚姻关系
休妻	在女子有过失的情况下,男方单方面解除婚姻关系。必须经过父母同意,并且要有休书
和离	男女双方经过协商,自愿解除婚姻关系
义绝	双方感情破裂,情义全无,一方侵害另一方权益,必须解除婚姻关系

Part 5
马可·波罗：没去过大元的旅游博主不是好作家

马可·波罗

据说有这样一个外国人，他花费4年时间，千里迢迢从意大利的威尼斯出发，来到了元朝时期的中国。他在中国住了整整17年，甚至得到元朝皇帝忽必烈的接见，更奇特的是，身为一个外国人，他还在中国做了官，奉命巡视各地，走遍了中国的大江南北。这个人就是马可·波罗。

马可·波罗究竟是否来过中国这一问题是有争议的，许多学者为此展开激烈辩论。不管马可·波罗是否真的来过中国，《马可·波罗游记》一书的出版，都在客观上促进了文明的交流。我们以温情与敬意，相信马可·波罗是真的到访过中国的。

根据马可·波罗的游记，来看看他从家乡威尼斯出发到中国的路究竟有多远。

这么遥远的路途，马可·波罗竟真的走完了，放到今天，这是妥妥的大V旅游博主啊！

不想当作家的旅游博主不是好博主，没有去过大元的旅游博主更不是好作家。马可·波罗的伟大之处，就在于他创作了《马可·波罗游记》一书。这本书记录了马可·波罗眼中的大元帝国，涉及政治、经济、文化、社会习俗、风土人情等方面，非常完整地向世人展现了大元的地大物博与繁荣昌盛。

马可·波罗的经历也反映了元代对外交流的频繁与发达。外国人可以在大元自由旅行，甚至做官，这在其他封建王朝其实是不太可能实现的。《马可·波罗游记》一书是中华文明和西方文明交流碰撞的产物，也是中华文化走向西方的重要通道，正是因为这本书的出版，引发了西方世界对于东方的强烈期待，出现了"东方热"潮流。

那么，元代发达的对外交流表现在哪些方面呢？①

---

① 李迪、冯立升. 元代中外科技交流的发展与上都的作用 [J]. 内蒙古师范大学学报（哲学社会科学版）2000：96.
黄时鉴. 元代的对外政策与中外文化交流 [J]. 中外关系史论丛（第三辑），1987.

宗教

元代时，佛教和基督教在国内得到极大发展，伊斯兰教在西北边的民族中广泛传播……元代并未干涉这些宗教在本土的传播，而是采取了一种包容吸纳的态度。

科技

元代不仅把国内科技传播到西方，也把外国科技引进国内。比如，元代将先进的火药配制技术、印刷术、历法以及瓷器、纺织品传播至海外，从西域引入天文学、数学、医药学以及蒸馏酒技术。元代在科技方面的中外交流成果的丰富程度可以说远超唐代。

侨居

元代发达的陆海交通为长途旅行提供了条件，因此出现了一些名垂青史的大旅行家，如马可·波罗、伊本·白图泰、汪大渊等。也正因如此，元代侨民众多，在华留居的外国人超过万数，侨民遍布全国，西欧的传教士和商人就是从这时开始长期居留中国的。

陶瓷贸易

在唐代，中国对外贸易的主要产品还仅仅是丝绸；宋代时，陶瓷销量有所上涨；到了元代，陶瓷贸易已经非常发达，远超前代。元代的海上丝绸之路非常繁盛，主要销售的就是陶瓷。中国的陶瓷艺术随之流传世界各地，一些国家如土耳其、伊朗、越南等，纷纷仿制中国的青花瓷器。

元代的对外交流为何如此发达?

第一,客观条件上,元代大一统帝国的辽阔疆域为对外交流提供了条件。元代的疆域有多大呢?

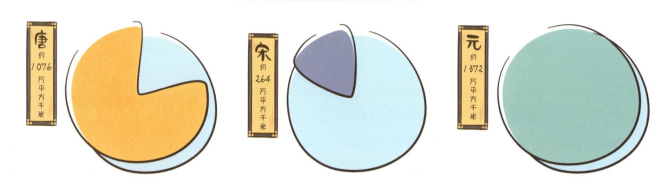

庞大的疆域使得元代从陆地上通往西亚和欧非的道路畅通无阻,海路上也可直接通往阿拉伯、印度、波斯等地,这为各国之间的交流提供了交通畅通的客观条件。

第二,元朝统治者十分重视元朝在世界范围的地位,主动采取积极开放的对外交流政策。

上层统治阶级这种开放的思想,使得元朝和欧洲、亚洲、非洲的各个国家都保持了长期的交往和通商。

辽阔的疆域和积极对外交流的方针政策,使得元朝的对外交流生机勃勃,为元朝的稳定发展带来了生机与活力。

---

① 根据历代疆域图推算得到。

Part6 "郭靖、黄蓉"：襄阳之战真相揭露！

（靖哥哥！快来看看！）

金庸的小说《射雕英雄传》中，有两位主角——郭靖和黄蓉。在作者的笔下，郭靖和黄蓉的结局是在襄阳之战中战死沙场。历史上襄阳之战是真实存在的吗？当时的情况又是怎样的呢？

襄阳之战从南宋咸淳三年（1267年）至咸淳九年（1273年），经历了近6年的时间。

经历了安阳滩之战，吕文焕反包围战，张贵、张顺援襄之战，龙尾洲之战和樊城之战，最后南宋襄阳失陷，大战结束。

安阳滩之战 → 吕文焕反包围战 → 张贵、张顺援襄之战 → 龙尾洲之战 → 樊城之战

在最后一次大战——樊城之战中，元军用先进的**回回炮**攻破了樊城。

（蓉儿，别看了！快来支援！！！） （发射！）

宋军 巧妙应用地形优势　　**元军** 利用先进的回回炮

回回炮是一种用机器扔石块的武器，可以用来进攻，也可以用来防守，在当时十分先进，在元朝入主中原的过程中发挥了巨大作用。

这样看来，小说中郭靖和黄蓉的"武功"在强大的武器面前，也不再有优势。那么，除了回回炮，元代还出现了哪些武器呢？让我们来一探究竟。

元曲中的兵器库

元代多战事，使用的兵器更是复杂多样，根据《全元散曲》的数据统计，刀和剑被提到的次数远远多于其他兵器。

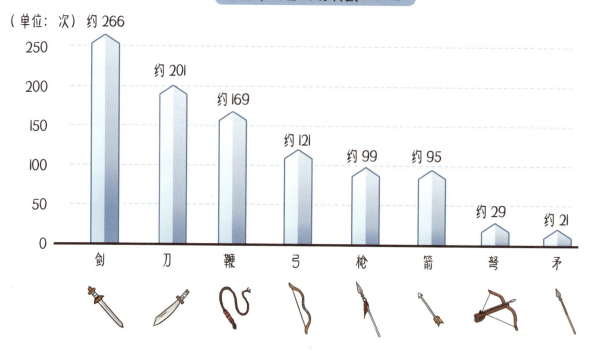

元曲中兵器出现次数TOP8

剑 约266 | 刀 约201 | 鞭 约169 | 弓 约121 | 枪 约99 | 箭 约95 | 弩 约29 | 矛 约21

只有一面刃的是刀，有两面刃的则是剑，二者在近身搏斗中最常被用到。从历史上看，宋代以前的战争常用长柄刀，而元军常用刀身有点弯曲的环刀。在草原上成长的蒙古人，孩童时期就要练习骑射。所以，弓、箭在元曲中频繁出现。后来技术进步，弓进化成了弩，传说中的神风弩能在800步之外打倒敌人。后来为了提高战斗能力，又出现了"声震天地，所击无不摧毁"的回回炮。

弓　　　　弩　　　　回回炮

元代飞速发展的火器

其实，除了冷兵器时代的"刀剑弓弩"，真正在元代大显神威的兵器是发展迅速的火器。火药作为中国古代的四大发明之一，在宋金战争时期就已经被用在战场上了，在元代兵器上的运用，其实就是做加法运算。

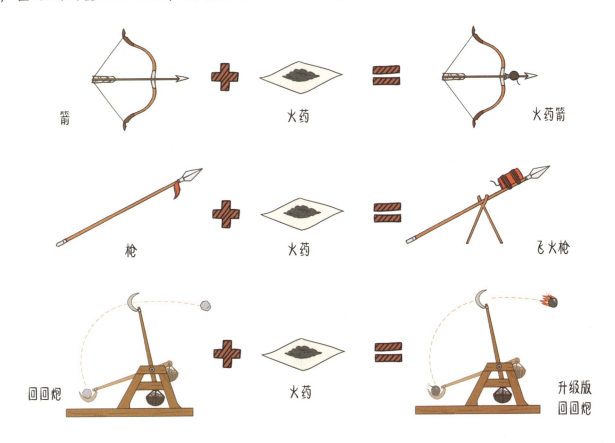

元代火铳，是元代火器发展的最高成就。从目前我国出土和收集到的实物中，可以看到一些当时的先进技术。

盏口铳：目前发现的最早的已确证的金属管形火器。现存于中国历史博物馆。

此外，还有至正辛卯铳、阿城铳、通县铳、西安铳、黑城铳这些出土于各个地方、不同样式的元代火铳。这些元代火铳坚固耐用，安全可靠，发射速度快，杀伤力也很强。元代火铳出现以后，很快被元军广泛使用。

元代发展起来的强大军队

除了先进的武器装备之外,元朝军队不断取得胜利的法宝还有完整的军队体系。

早在铁木真统治时期,铁木真就下令所有军队按照十进制组成十户、百户、千户,并确定了各级的首领,分别为十户官、百户官、千户官。

千户由大汗指定功臣或贵族作为千户长,带领士兵作战。一部分千户属于宗王,其他千户分成左、右两军。千户制,使军队不再像部落联盟那样松散,而变得集中,每一层都有管理者,这样就实现了严密的统治,更方便指挥。

此外,成吉思汗还建立了一支属于自己的军队——怯薛军①,用于保护大汗的金帐,在战争时作为勇士冲在前面,还会分管一些其他事务。

---

① "怯薛"是一个蒙古语词汇,指代最高统治者的禁卫军。

元世祖忽必烈占领中原后,军制发生了很大的变化。元朝的军队,按任务的不同分为宿卫军和镇戍军两大类①。

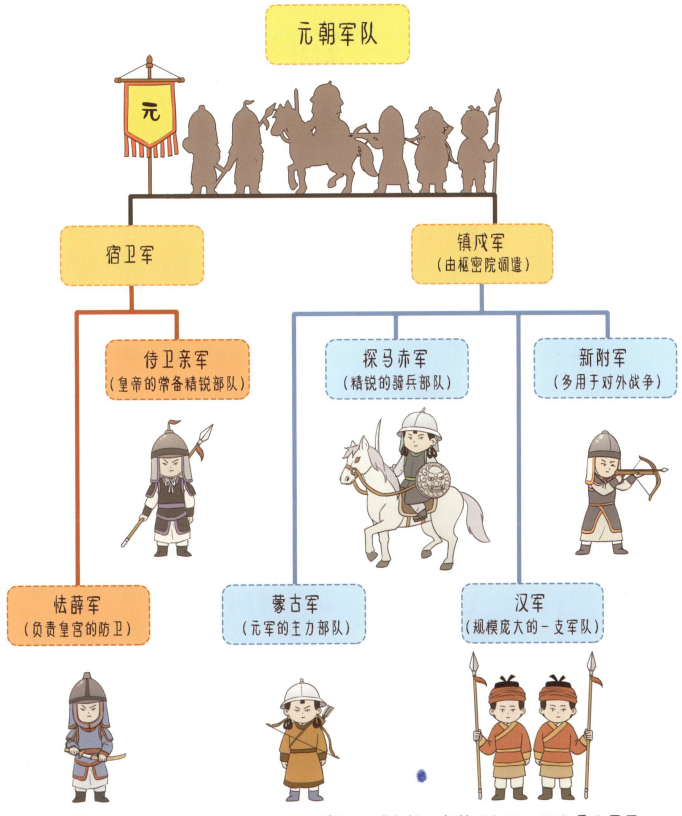

看来,在金庸的《射雕英雄传》中,襄阳之战郭靖、黄蓉的失败,不仅是由于元军兵器、火器的强大,与元代强大的军队体系也有着很大的关系。

---

① 史仲文、胡晓林主编.中国全史(第063卷中国元代军事史)[M].北京:人民出版社,1994.

Part 7 马致远：一生追求功名，却成曲状元

"我想要的不是这种状元……"

青年马致远：
我有辅佐国家的心！
我有上天揽云的手！
我是国家的栋梁之材！

悟迷世事饱谙多，二十年漂泊生涯

中年马致远：
佐国心，拿云手，
命里无时莫刚求。①
……
空岩外，老了栋梁材。②

　　历代文人中，不乏当大官的。因为想要走好仕途，写得一手好文章是必备条件。不过，反过来可就不一定了。比如咱们元曲四大家之一的马致远，在文学上，他是大家公认的"曲状元"。但是在仕途上，他到中年才中进士，不惑之年才取得了一个江浙行省务官的小官职。到了晚年，因为对时政不满，他最后还是选择了归隐田园。

---

① 出自马致远【南吕】《四块玉·叹世三首》。
② 出自马致远【南吕】《金字经·樵隐》。

如此优秀的文人,为什么入仕之路这么艰难?这和元代的科举制度密切相关。

大大减少的科举次数

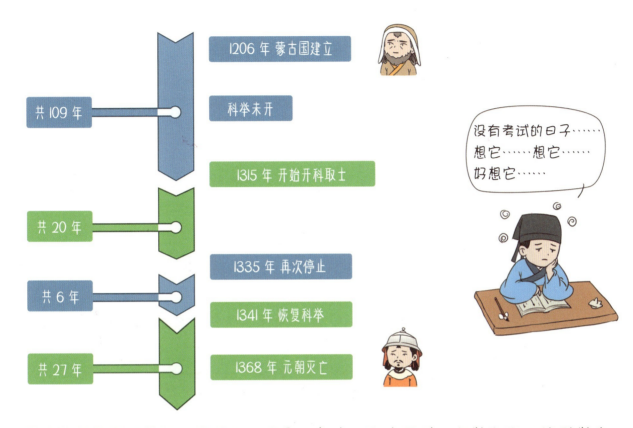

元代科举举行时间短、规模小、录取人数少。整个元代,仅举办了16次科举考试,直到元朝结束,左、右两榜才录取进士1139人。想想宋代,仅宋仁宗在位期间就录取进士4561人。这样的情况,对元代文人来说,考试的机会实在是太少了!

元代历届科举殿试录取人数[1]

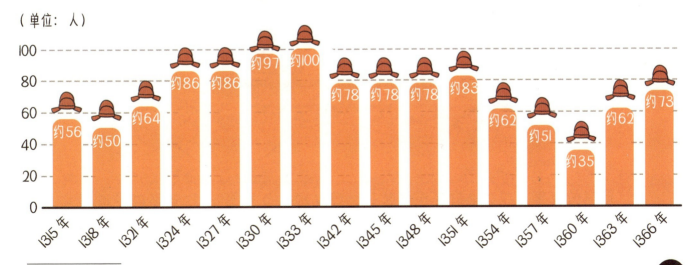

---

[1] 秦新林.试论元代的科举考试及其特点[J].殷都学刊,2003(2):40.

发生重大变化的科举内容

元朝的科举不再像唐宋时期一样以词赋为考试内容,而是首次以程朱理学[①]作为科举考试的主要内容,这也对擅长吟诗作赋文人的入仕之路造成了很大影响。

元朝皇帝想要录用的文人不能只会歌功颂德,而要有真正的治理国家的本事。

"举人宜以德行为首,试艺则以经术为先,词章次之。浮华过实,朕所不取。"

元代的考生需要"临轩策试当条对,毋以虚文负圣君",这句话就是说,考生的答卷需要言之有物,对治理国家有益处,而不能只是堆砌华丽的词汇。

[①] 程朱理学是指由程颢、程颐、朱熹等人创立的新儒学。

竞争激烈的科举考试

元代的全国卷一和全国卷二

元代科举分为左、右二榜，录取来自不同民族的进士，其中蒙古人、色目人①为右榜，汉人和南人②为左榜。从下表中我们可以看出，右榜不仅考试次数少了不少，试题也相对简单。

而且，在乡试和会试中，蒙古人、色目人考生只有两场考试，如果自愿参加第三场考试，还会得到更高一级的官职。

元代的录取政策

不论乡试录取人数还是会试录取人数，蒙古人、色目人、汉人和南人都保持着1:1:1:1的比例。但汉人、南人占全国人口的90%以上，所以对于蒙古、色目族群的考生来说，应考人数相对少，没有激烈的竞争，就会比较容易。

---

① 色目人是元朝对西北各族、西域乃至欧洲来华各族人等的泛称。

② 南人是金元时期对原南宋境内各族的称呼。

元代曾经有色目族家庭六届科举相继产生六位进士的情况，这在汉人、南人家族中是不可能出现的。

录取进士除了和民族有关，还和考试所在的省份有关。也就是说，根据各省份的人口多少和文化水平的高低，来确定每个省份录取多少进士。

各个地区不同民族的乡试录取人数[①]

（单位：人）

民族\地区	大都	上都	河东	真定等	东平等	山东	辽阳	河南	陕西	甘肃	岭北	江浙	江西	湖广	四川	云南	征东
蒙古人	15	6	5	5	5	4	5	5	5	3	3	5	3	3	1	1	1
色目人	10	4	4	5	4	5	2	5	3	2	2	10	6	7	3	2	1
汉人	10	4	7	11	9	7	2	9	5	2	1	—	—	—	5	2	1
南人	—	—	—	—	—	—	—	7	—	—	—	28	22	18	—	—	—

因此，元朝科举不算兴盛，也不适合精通诗词歌赋的文人。在这样的大环境下，很多文人渐渐地不再参与政治，而是选择远离朝廷，归隐田园与山林。就像马致远最后选择的那样："白发劝东篱，西村最好幽栖，老正宜。"

[①] 宋濂等.元史（卷八十一志第三十一）[M].北京：中华书局，2016.

Part 8 为啥元代人喜欢过清明节？

清明是二十四节气之一，而寒食节就在清明节前一到两天。元代规定寒食节放假三天，所以清明节和寒食节就合并在一起了，成了一个小长假，称作"清明寒食"。元代的小长假，古人们是怎样度过的呢？

清明祭祖的习俗在元代也有延续，人们在清明节时祭奠先祖、缅怀故人。但是三天的小长假也不能轻易放过，他们会趁着小长假去踏青春游、荡秋千、踢蹴鞠。原来元代人和我们一样，也喜欢在小长假结伴出去游玩。不知道他们见到的风景会不会也是"人山人海"，让我们在马致远的笔下一探究竟！

> 前村梅花开尽，看东风桃李争春。宝马香车陌上尘，两两三三见游人，清明近。
>
> ——马致远【仙吕】《青哥儿》

看来元代出游还是美时美景，比堵在路上的我们潇洒、惬意多了！

元曲中的节日频次

根据《全元散曲》的数据统计,我们也可以看出,"清明寒食"小长假是元曲家们最喜欢的节假日。果然,缅怀先人的悲伤与生机勃勃的春色相碰撞,很是能激发文人的创作灵感。

风风雨雨清明,莺莺燕燕关情。
柳擎和泪眼,花坠断肠英。
望海亭,何处越山青?
——张可久【越调】《寨儿令》

元代的节日习俗

除了小长假的游玩,元代的节日,大家又是怎样过的呢?

元日 三天假期
- 朝廷举行朝贺、宴会
- 民间祭祖拜年

元宵 不放假
- 逗鳌山(把彩灯堆在一起,加上神仙动物的形象,做成山的形状,互相比赛)
- 民间祭祖

清明寒食 三天假期
- 宫廷举行娱乐活动
- 家家户户上坟祭祖,郊游踏青

端午 一天假期
- 男子赛龙舟,女子簪榴花
- 家家户户在门上挂艾叶、菖蒲

七夕 不放假
- 女子在庭院摆放瓜果,结彩缕,穿七孔针乞巧

中秋 不放假
- 全家团圆相聚
- 赏月

重阳 一天假期
- 登高望远
- 吃重阳糕

除夕 不放假
- 守岁
- 分压岁钱

我比较好奇,中秋和除夕为什么不放假?

元代的节日偶像

古代的文学作品中,写到节日,有时会联系到一个人物,如端午与屈原、重阳与陶渊明、七夕与织女。

屈 原

陶渊明

织 女

那这三位中,元代文人最崇拜谁呢?从本书第70页图表的数据中,我们妥妥地可以看出,三个节日中,重阳节被描写的次数最多,远离世俗、隐居山野的陶渊明才是元代的节日偶像TOP1!

在元散曲中写到重阳节和陶渊明时,常用"白衣送酒"的典故,来表现对陶渊明在重阳节时有人送酒的羡慕,表达对他的人格的向往。

沉醉东风·重九
卢挚〔元代〕
题红叶清流御沟,赏黄花人醉歌楼。
天长雁影稀,月落山容瘦,冷清清暮秋时候。
衰柳寒蝉一片愁,谁肯教白衣送酒?

元代文人推崇陶渊明,主要是因为很多文人仕途不顺,选择远离朝堂,使得隐逸文化盛行。他们崇敬陶渊明洒脱的风度,羡慕他逍遥的生活。

看来,元代的文人远离朝堂之后越来越向往自然,这也是可以踏青春游的小长假更能激发文人灵感,深受大家喜爱的原因吧!

Part 9 孔子后人竟然也玩乐队？

　　元统一北方后，金代宫廷乐师大多流落燕京、南京等地。但是，不管皇室贵族还是元朝大臣，日常生活中没有了音乐歌舞，还有什么乐趣？正如孔子所说，一个人得以拥有完整的人格，是由于诗、礼、乐的作用，所谓"兴于诗，立于礼，成于乐"。

　　于是，这一天，孔子的第五十一代孙孔元措向元太宗窝阔台提了一个建议，想要收集丢失的金朝礼乐档案、乐器以及演奏人员，来好好搞搞音乐这件事。窝阔台大为赞赏这个提议，授意孔元措组建乐队。孔子后人果然厉害，只用了一年时间，就组建起了包括原来在金朝管理乐队的许政、王节等人，以及92名乐工在内的大型乐队。

这个乐队对自己的要求是很高的。为了多出精品,他们潜心创作,排练了12年!然后才拿着成品向宪宗皇帝蒙哥进行汇报,表演了钟、笛、箫等乐器的演奏与合奏。

十二年磨一剑,蒙哥对乐队的演奏很满意,于是蒙哥就在这支乐队的伴奏下举行了祭祀昊天上帝的仪式。后来,世祖忽必烈对这支乐队也非常关注,他即位后,便将这支乐队召至燕京。登上皇位的忽必烈就是在这支乐队演奏的新作雅乐中举行的祭祖大礼。

由此可见音乐在元代宫廷的重要性!实际上,元代宫廷音乐机构是非常发达的,我们不妨来详细了解一下。

元代宫廷音乐机构[1]

元代的宫廷乐是在继承前朝宫廷乐曲的基础上形成的。元代宫廷音乐机构庞大，太常礼仪院、礼部的仪凤司和教坊司都是管理音乐表演的机构。

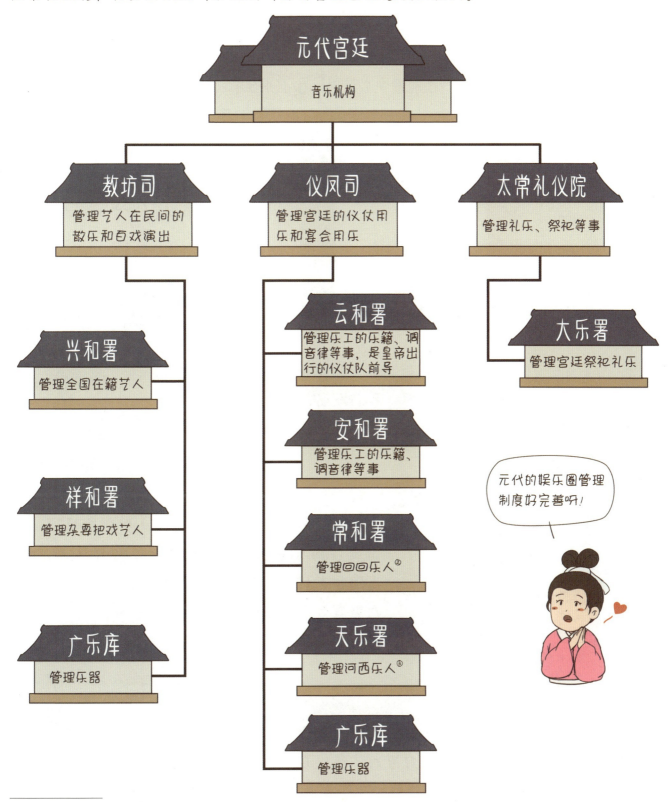

---

[1] 宋濂等.元史·百官志[M].北京：中华书局，2016.
崔玲玲.元代蒙古宫廷音乐探析[J].中央民族大学学报（哲学社会科学版），2018（06）：45.
[2] 回回乐人是指来自中亚、阿拉伯地区并在元代形成的一个新的族群——回回人。
[3] 河西乐人指西夏乐队，会使用火不思、胡琴等少数民族乐器。

元曲中的乐器

元代的音乐机构如此发达,也有着种类丰富的乐器,元代人钟爱哪些乐器呢?

元曲中出现的乐器TOP5

统计《全元散曲》中的乐器,我们发现,常见的乐器是钟、琴、鼓、角、琵琶。这些乐器都长什么样子呢?

钟 大多是青铜的,大大小小的钟组成打击奏乐的一套乐器。钟在古代不仅是乐器,还象征着地位和权力。王公贵族在祭祀典礼、大型宴会中,经常用钟奏乐。

鼓 是元曲伴奏的重要乐器。作为伴奏乐器时,鼓的优点是节奏强、力度大,所以在武戏中经常会被用到。

琴 寓意高雅，一直受文人墨客的喜爱，在诗词和曲词中文人常常用琴声来表达内心的忧思。

角 为西北少数民族乐器，一开始由牛角、羊角制成，后来改用竹和木等材料来制作。元代由蒙古族统治，少数民族的风貌非常明显。

琵琶 在元代应用非常广泛。在宫廷礼乐中，琵琶是大型宫廷活动中仪仗队要用到的乐器。在民间，弹唱艺人也常用琵琶作为伴奏乐器。

火不思 值得一提的是，在元代还有一种特殊的琵琶也大为流行，名为"火不思"。传说昭君出塞后，有一天琵琶坏了，匈奴人就仿造了一个给她。结果因为仿造得太过粗糙，一点也不像，昭君笑着说了句："浑不似。"因此这个特殊的琵琶便有了名字。火不思在元代被列为国乐，经常在宫廷盛大宴会上演奏。后来它在民间也广为流传，深受大家喜爱。

元代乐器的少数民族风格明显，除了"火不思"，还有马头琴、三弦等。元代乐器如此丰富多样，怪不得孔子后人不忍心它们流落在外，要在乐队上大展一番拳脚！

Part 10 姑姑冠是姑姑戴的帽子吗?

> 嗯？谁在叫我？

元代有一种非常神奇的帽子，叫姑姑冠。它有两三尺高，造型奇特，用树皮、竹子、铁丝之类的材料制作骨架，用红绢、金锦、青毡包裹，镶嵌翠花、珍珠，有的还在冠顶上插野鸡毛，看起来十分威风。

你知道这种元代特有的帽子为什么叫姑姑冠吗？难道是姑姑才能佩戴的吗？

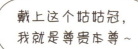

元代冠饰特点[①]

> 戴上这个姑姑冠，我就是尊贵本尊～

姑姑冠

有各种款式

为什么叫姑姑冠？

姑姑冠，又叫作罟罟冠、固姑冠。至于其名字的来历，有说法认为，姑姑是蒙古语的音译，有的则认为姑姑冠的形状像鹅鸭，所以根据鹅鸭的叫声，给它取了"姑姑"的名字。

什么人可以佩戴姑姑冠？

在元代，并不是所有女子都有资格戴这个六十厘米以上的高帽子，一般是已婚的贵族妇女和宫廷帝后才有资格佩戴，所以这种帽子是身份的象征！身份越高的人，帽子上的佩饰也就越珍贵。

[①] 王苗.珠光翠影：中国首饰史话[M].北京：金城出版社，2012：450.
陈茂同.中国历代衣冠服饰制[M].郑州：郑州大学出版社，2005：184.

佩戴姑姑冠有什么忌讳？

据说，妇人头上的姑姑冠最忌讳别人触碰。当时的人认为，如果不小心碰到了别人的姑姑冠，就会给戴冠者带来厄运。因此戴冠者出入庐帐，都要侧身低头。

瓦楞帽

与夸张的姑姑冠不同，元代男子的帽子就简单朴素得多了。最常见的是瓦楞帽，有四方形的，也有圆形的，是用藤篾制作而成的。当然，贵族也会在上面嵌满各式贵重的珠宝，以表明自己尊贵的身份。

哼~别看我这顶帽子简单，上面的宝石可是价值连城~

元代服饰特点[1]

除了头上戴的帽子很有特点，元代人的穿着也大有讲究。元代服装富有蒙古族特色，在一定程度上也受汉族服饰的影响，比如著名的蒙古族服饰"质孙服"。

"质孙"是蒙古语华丽的意思。质孙服是天子、贵族和百官在大场合穿着的服装。它源自蒙古族的军装，上衣紧窄，下裳较短，腰间有皱褶，这样穿起来活动方便，很适合骑马。随着经济的不断发展，质孙服的样式也逐渐丰富，皇帝冬季和夏季的质孙服各有十多种不同的颜色样式。而且皇帝每年都要举行"质孙宴"，宴会上有歌舞、游戏和丰富的竞技项目，是最为隆重的宫廷宴会。大家需要穿着质孙服参加宫廷宴会，也就是说，只有得到皇帝赏赐质孙服的人，才有资格参加这种宴会。

换上质孙服，参加质孙宴~

---
[1] 黄能馥，陈娟娟. 中国服饰史[M]. 上海：人民出版社，2004：392.
李莉莎. 质孙服考略[J]. 内蒙古大学学报（哲学社会科学版），2008：26.

元代有着非常严格的服饰等级制度。民间是绝对不允许制作质孙服的。不仅如此，只要是皇帝穿的衣服的颜色、绣的花纹，其他人一律不可以使用。就连给皇帝做过衣服、帽子的工人，也不允许再给其他人做衣服和帽子，否则就是杀头重罪！

元代对各个等级的贵族、官员穿着的衣服也有非常具体的法律规定，不仅衣服的颜色，就连衣服上的绣花种类、大小也有着详细规定！

一般大官的衣服上绣的花大，小官的衣服上则只能是朵花和暗花。

品　级	服装颜色	绣花大小	
一品	紫色		大花，五寸
二品	紫色		小花，三寸
三品	紫色		散花，没有枝叶
四五品	紫色		小杂花，一寸五分
六七品	绯色		小杂花，一寸
八九品	绿色		无花纹

在如此严格的服装制度规定下，一般人就只能穿些暗淡朴素的衣服了，民间的服饰便向灰褐色发展。然而，群众的智慧是无限的，据说当时发明出了20多种褐色！

咱家的布匹颜色繁多，还可定制衣服款式，欢迎选购哈～

还不是因为皇室贵族们用尽了各种颜色，我们平民被逼无奈，只能开发这种暗淡的灰褐色啊！

老字号布匹
百年店庆，打折促销

元代的褐色有金茶褐、沉香褐、秋茶褐、葱白褐、藕丝褐、葡萄褐、枯竹褐、驼褐……

据说由于褐色的充分开发，反过来引起了统治者的喜爱，使褐色又晋升为帝王喜欢的颜色。这元代的服装制度还真是有趣！